BEI GRIN MACHT SICH IHR
WISSEN BEZAHLT

AF173322

- Wir veröffentlichen Ihre Hausarbeit,
  Bachelor- und Masterarbeit

- Ihr eigenes eBook und Buch -
  weltweit in allen wichtigen Shops

- Verdienen Sie an jedem Verkauf

Jetzt bei www.GRIN.com hochladen
und kostenlos publizieren

Bibliografische Information der Deutschen Nationalbibliothek:

Die Deutsche Bibliothek verzeichnet diese Publikation in der Deutschen National-
bibliografie; detaillierte bibliografische Daten sind im Internet über http://dnb.d-
nb.de/ abrufbar.

Impressum:

Copyright © 2013 GRIN Verlag, Open Publishing GmbH
Druck und Bindung: Books on Demand GmbH, Norderstedt Germany
ISBN: 978-3-656-45688-9

Dieses Buch bei GRIN:

http://www.grin.com/de/e-book/229626/opiate-illegale-drogen-mit-grossem-
suchtpotential

Sebastian Hochhaus

Opiate. Illegale Drogen mit großem Suchtpotential

Begriffserklärung, Wirkungsweisen und Gefahren

GRIN Verlag

GRIN - Your knowledge has value

Der GRIN Verlag publiziert seit 1998 wissenschaftliche Arbeiten von Studenten, Hochschullehrern und anderen Akademikern als eBook und gedrucktes Buch. Die Verlagswebsite www.grin.com ist die ideale Plattform zur Veröffentlichung von Hausarbeiten, Abschlussarbeiten, wissenschaftlichen Aufsätzen, Dissertationen und Fachbüchern.

Besuchen Sie uns im Internet:

http://www.grin.com/

http://www.facebook.com/grincom

http://www.twitter.com/grin_com

Fachhochschule für öffentliche Verwaltung NRW

Abteilung Gelsenkirchen

Studienabschnitt:

PVD

Kriminalistik

Illegale Droge Opiate

Sebastian Hochhaus

Abgabedatum: 07.05.2013

Inhaltsübersicht:

1 Einleitung

In dem nachfolgend ausgearbeiteten Referat beschäftige ich mich mit dem Thema „Illegale Droge Opiate".

Ich denke, dass diese Thematik eine sehr spannende und im Hinblick auf den Polizeiberuf sehr wichtige ist. So ist es für die polizeiliche Praxis natürlich von Vorteil zu wissen, was genau Opiate oder Opioide sind, wie diese konsumiert werden und welche Wirkungsweise diese Stoffe haben, denn so kann man in der polizeilichen Praxis unter Umständen direkt erkennen, dass gewisse Personen Konsumenten von Opiaten sind und die richtigen Maßnahmen treffen bzw. weiß direkt um eventuelle Gefahren, die von solchen Personen ausgehen können.

Des Weiteren ist die Bekämpfung gegen den Konsum und Besitz bzw. den Handel von Opiaten extrem wichtig, da diese Drogen ein außergewöhnliches Suchtpotential aufweisen und in vielen Fällen nach dem Konsum und der daraus resultierenden Abhängigkeit zu Folgestraftaten (Beschaffungskriminalität) führen kann.

Deshalb werde ich die genannten Begrifflichkeiten in der nachfolgenden Ausarbeitung erläutern und verschiedenen Aspekte bezüglich der Stoffe darstellen.

2 Opiate und Opioide

Im nachfolgenden Teil werden die Bedeutungen der Termini Opiate und Opioide erläutert.

2.1 Definitionen und Begriffserklärungen

Betrachtet man eine Definition für die beiden Begriffe, dann werden „*als Opiate jene Mittel bezeichnet, deren Wirkstoffe aus den Alkaloiden des Opiums gewonnen werden, während es sich bei Opioiden um synthetische oder teilsynthetische Substanzen mit morphinähnlicher Wirkung handelt"[1]*

Vereinfacht gesagt sind Opiate natürliche Substanzen oder Stoffe, die im Opium erhalten sind. Das für viele Menschen bekannteste Opiat dürfte Morphin sein.

Folglich bildet die Ausgangssubstanz für Opiate das Rohopium. Dieses wird wiederum aus den so genannten Samenkapseln des Schlafmohns gewonnen. Dazu müssen diese Kapseln angeritzt werden, sodass der flüssige und klebrige Saft der Pflanze austreten kann. Dieser Saft verfestigt sich durch Trocknung an der Luft und somit kann daraus Opium gewonnen werden.[2]

Laut Definition handelt es sich, wie oben genannt, bei Opioiden um *„synthetische oder teilsynthetische Substanzen"[3]*. Das bedeutet, dass diese Substanzen chemisch/künstlich hergestellt wurden (synthetisch), bzw., dass bestehende natürliche Stoffe chemisch verändert wurden (teilsynthetisch), sodass es sich, anders als bei Opiaten, nicht mehr um natürlich vorkommende Stoffe handelt. Ein Beispiel dafür ist das wohl bekannteste (halbsynthetische) Opioid Heroin. Dieser Stoff entsteht durch eine chemische Reaktion von dem bereits genannten Opiat Morphin mit Essigsäure.

2.2 Arten und Erscheinungsformen

Opiate bzw. Opioide werden sowohl legal, nämlich in der Medizin, als auch illegal als Drogen verwendet.

In der Medizin werden diese Substanzen in aller Regel *„in Form von Kapseln, Tabletten, Tropfen, Saft, Zäpfchen oder Injektionslösung"[4]* hergestellt.

Ein Beispiel für ein Opioid, welches als Medikament eingesetzt wird, ist Sufentanil. Dieses Opioid wird *„als stärkstes in Deutschland in der Humanmedizin zugelassene[..] Schmerzmittel vor allem in der Anästhesie angewendet"[5]*. Zudem kommt es z.B. in Tumorbehandlungen häufig zur Anwendung von Opiaten.

---

[1] *http://www.drogenberatung-rheine.de/_htm/_drugs/opiate.htm*
[2] Vgl. *http://www.drogenberatung-rheine.de/_htm/_drugs/opiate.htm*
[3] *http://www.drogenberatung-rheine.de/_htm/_drugs/opiate.htm*
[4] *http://www.drogenberatung-rheine.de/_htm/_drugs/opiate.htm*
[5] *http://de.wikipedia.org/wiki/Sufentanil*

Aber auch in üblichen Medikamenten wie z.b. gegen Husten, können Opiate, in diesem Fall Codein, enthalten sein.

Erwähnenswert ist zudem, dass die schmerzstillende oder auch heilende bzw. in gewisser Form berauschende Wirkung von Opium schon lange bekannt ist. So soll z.B. in China schon ca. 3000 v. Chr. Opium hergestellt worden sein. Medikamentös soll es auch im Mittelalter in Form einer Wein – Opium – Mischung als Schmerzmittel verwendet worden sein.

Um 1900 wurde Opium dann auch in Apotheken verkauft. Auch zur Zeit der beiden Weltkriege erlebte Opium in der Medizin einen deutlichen Aufschwung.[6]

Allerdings ist Opium als Medikament heutzutage aufgrund der hohen (Sucht-)Risiken umstritten und falls möglich werden andere Mittel in der Medizin eingesetzt.

Bei den illegal im Umlauf befindlichen Opiaten oder Opioiden handelt es sich vorrangig um Tabletten oder Kapseln, Pulver oder flüssige Lösungen.

2.3 Konsumformen

Unter 2.2 wurde bereits erläutert, in welchen Formen Opiate bzw. Opioide in der Medizin auftauchen. Somit ergeben sich im dortigen Bereich die orale, anale, aber auch intravenöse Form der Einnahme.

Im Bereich der illegalen Drogen gibt es differenziertere Formen des Konsums. Opiate wie Codein werden vornehmlich in Form von Tabletten oral aufgenommen, während Morphin seltener oral und stattdessen in den meisten Fällen intravenös konsumiert wird.

Das Opium selbst wird vornehmlich in speziellen Opiumpfeifen geraucht. Eine weitere, allerdings nicht so gebräuchliche Variante der Opiumaufnahme ist das so genannte Blechrauchen. Dabei wird Opium auf Alufolie erhitzt und die daraus resultierenden Dämpfe werden dann von den Konsumenten inhaliert oder mit einem Strohhalm oder vergleichbarem Rohr aufgesogen. Eine orale Aufnahme ist

---

[6] Vgl. *Van Treek*, 2002, S. 303

aufgrund der dadurch verminderten Wirkungsweise und dem bitteren Geschmack des Opiums weniger verbreitet.[7]

Beim schon erwähnten, wohl bekanntesten Opioid, dem Heroin, gibt es ebenfalls verschiedene Arten des Konsums.

Ebenso wie das reine Opium kann auch Heroin geraucht werden. Auch das eben geschilderte Blechrauchen, welches auch „Blowen" oder „Folierauchen" genannt wird, ist eine Form der Aufnahme von Heroin.

Oftmals wird Heroin auch nasal aufgenommen. Dies geschieht in vielen Fällen mit Hilfe eines kleinen Röhrchens. Dieser Vorgang wird auch als „Sniefen" bezeichnet. Außerdem ist auch die orale Aufnahme von Heroin möglich.[8]

Wie beim Morphin ist aber auch beim Heroin die intravenöse Art des Konsums am gebräuchlichsten.[9]

Dies ist vor allem der Fall, da Opiate und Opioide durch intravenöse Einnahme am schnellsten in den Blutkreislauf gelangen. Außerdem gelangt Heroin wegen der höheren Fettlöslichkeit viel schneller als z.B. Morphin in das Gehirn. So tritt die Rauschwirkung im Gegensatz zu den anderen Methoden schon nach wenigen Sekunden ein.[10]

2.4 Wirkungsweisen und (gesundheitliche) Folgen

In niedrigen Mengen konsumiert bewirken Opiate neben der schmerzstillenden Wirkung erst einmal, dass Unlustgefühle, Müdigkeit und auch Hunger aufgehoben werden. Zudem werden Erregung und Angstzustände abgebaut. In vielen Fällen werden Opiate als eine Art „Gegenmittel" zu anderen Drogen wie LSD oder Speed eingenommen, um deren wiederum antriebssteigernde Wirkung wieder aufzuheben.[11]

Die stärkste Wirkung in dieser Hinsicht weist wieder das Heroin auf, da keine andere Droge das geistige „Abschalten" so gut ermöglicht. Besonders anfangs soll

---

[7] Vgl. *http://www.drug-infopool.de/rauschmittel/opiate.html*
[8] Vgl. *Van Treek*, 2002, S. 305-306
[9] *Van Treek*, 2002, S.306
[10] *Van Treek*, 2002, S.306
[11] *Van Treek*, 2002, S.306

Heroin eine starke „*Euphorie und ein Wärmegefühl*"[12] verursachen, was von den Konsumenten als sehr positiv erlebt wird. Es wird also ein Gefühl der Gelassenheit und Freiheit hervorgerufen und genau durch dieses Gefühl verfallen viele Konsumenten auch oft der folgenden Sucht.

Eine unangenehme Wirkung von Opiaten ist hingegen, dass sowohl die Atem- als auch die Herzschlagfrequenz gesenkt wird, wodurch viele Menschen, je nach Dosierung und körperlichem Zustand, letztlich sogar sterben.[13]

Des Weiteren sind Muskelkrämpfe und auch extrem verengte Pupillen und auch Vergiftungen durch die Einnahme von Opiaten und insbesondere Heroin die Folge.

Bei chronischem Konsum von Opiaten oder Opioiden kommt es zu einer psychischen und wenig später auch zu einer körperlichen Abhängigkeit.[14] Diese treten beim intravenösen Konsum schon nach sehr wenigen Anwendungen ein. Allerdings ist das Suchtpotential aller Opiate sowieso unabhängig von der Konsumweise enorm hoch. Heroin weist zudem das wohl höchste Suchtpotential überhaupt im Drogenmilieu auf. Die Abhängigkeit führt zwangsläufig zum sozialen Abstieg der Konsumenten und oftmals zu der in der Einleitung schon angesprochenen Beschaffungskriminalität, da diese für viele Abhängige die einzige Möglichkeit darstellt, um Geld für neue Drogen zu bekommen. Der Grund dafür ist, dass dauerhafter Konsum oftmals zu einer Art Unlust in jeglichem Sinne führt. Die anfangs noch herrschende Gelassenheit wird immer mehr zur Gleichgültigkeit und Antriebslosigkeit. Es kommt zu einem totalen Rückzug der betroffenen Person gegenüber anderen Menschen. Soziale Kontakte werden also gemieden. Somit ist es für diese Menschen natürlich auch nicht möglich, ein geordnetes Leben zu führen und weiterhin einen Beruf auszuüben.[15]

Durch dauerhafte Einnahme von Opiaten kann die Leistung des Gehirns vorübergehend, aber auch dauerhaft vermindert werden, wodurch das Gedächtnis und auch die Konzentrationsfähigkeit beeinträchtigt werden. Es kann auch zu dauerhaften Koordinationsstörungen, Wahnvorstellungen oder Potenzstörungen kommen. Durch Appetitlosigkeit kommt es zu starkem Gewichtsverlust.

Auch das Immunsystem wird durch dauerhafte Opiateinnahme stark geschwächt, sodass es häufig zu (oft auch tödlichen) Folgeinfektionen kommt. An den

---

[12] Vgl. *Van Treek*, 2002, S.306
[13] Vgl. *Van Treek*, 2002, S.306
[14] Vgl. *Van Treek*, 2002, S.307
[15] Vgl. *Van Treek*, 2002, S.308

Einstichstellen des intravenösen Drogenkonsums besteht darüber hinaus die Gefahr der Abszessbildung.[16] Meist ist also eine starke soziale Verelendung zu beobachten, verbunden mit einem ausgeprägten körperlichen Verfall aufgrund von Verwahrlosung.[17]

Ohne eine entsprechende Therapie ist ein Entzug als Opiat-/Opioidabhängiger aufgrund der extremen Entzugserscheinungen kaum zu schaffen. Diese sind u.a. verlangsamter Herzschlag, Schlafstörungen, aufkommende Depressionen, starke Wahnvorstellungen und Angstzustände, starker Gewichtsverlust aufgrund von Appetitlosigkeit, Frösteln und Konzentrationsschwächen.

Deshalb werden bei Therapien auch meistens weiterhin Opiate oder opiatähnliche Stoffe an die Patienten verabreicht und die Dosis erst nach und nach reduziert.

2.5 rechtliche Einordnung

An dieser Stelle möchte ich noch kurz exemplarisch auf den gesetzlichen Hintergrund eingehen. Demnach kann es im Zusammenhang mit Opiaten/Opioiden zu Straftaten bzw. Ordnungswidrigkeiten gem. §§29-34 BtMG kommen, welche im Rahmen dieser Ausarbeitung aber nicht erläutert werden können. Eine genaue Ausarbeitung der Thematik erfolgt in einem separaten Referat.

Als Beispiel geht aber schon aus §29(1) Nr.3 BtMG hervor, dass schon der, der ohne eine Erlaubnis für den Erwerb, Betäubungsmittel besitzt, mit Freiheitsstrafe bis zu 5 Jahren oder mit Geldstrafe bestraft wird. Demnach ist also die Polizei bereits bei bloßem Besitz einer Person von gewissen Opiaten gem. § 163(1) S.1 StPO verpflichtet, einzuschreiten.

---

[16] *Van Treek, 2002, S.306*
[17] Vgl. *http://www.drogenberatung-rheine.de/_htm/_drugs/opiate.htm*

3 Fazit

Betrachtet man nun abschließend die Materie der Opiate, so kann man sagen, dass deren Gebrauch aus medizinischer Sicht teilweise sinnvoll ist. Als „illegale Droge" gebraucht sind die Gefahren, die von Opiaten ausgehen, allerdings nicht genug zu betonen.

Besonders das enorm hohe Suchtpotential und die daraus resultierende Tatsache, dass es ohne therapeutische Hilfe und auch mit dieser nur sehr schwer ist, die Sucht zu besiegen, machen diese Droge so unberechenbar. Auch die erheblichen Wirkungsweisen und gesundheitlichen Folgen die aus dem Konsum von Opiaten/Opioiden entstehen, machen deutlich, welche Notwendigkeit ein frühzeitiges polizeiliches Einschreiten in Bezug auf Drogenbesitz/-konsum hat.

Literaturverzeichnis:

Unbekannter Autor:

Opiate-Schmerzmittel,
http://www.drogenberatung-
rheine.de/_htm/_drugs/opiate.htm,
download vom 10.04.2013

Unbekannter Autor:

Opium/Opiate,
http://www.drug-
infopool.de/rauschmittel/opiate.html,
vom 01.02.2012, download vom 10.04.2013

Unbekannter Autor:

Sufentanil,
http://de.wikipedia.org/wiki/Sufentanil,
vom 01.04.2013, download vom 10.04.2013

Van Treeck, Bernhard

Drogen, 2.Auflage, Berlin 2004